CRUCIAL QUESTIONS

教会とは何か

R・C・スプロール［著］

老松 望／楠 望［訳］

What Is the Church?

R.C. Sproul

いのちのことば社

Originally published in English under the title:
What is the Church?

Published by Ligonier Ministries
421 Ligonier Court, Sanford, FL 32771, U.S.A.
Ligonier.org

目次

装丁　長尾　優

第1章 教会は一つ

ヨハネの福音書17章で、イエスは祈りをささげています。この祈りは、私たちのために新約聖書に記されているもののうち、最も長大な祈りです。これはとりなしの祈りであり、弟子たちのための、そして弟子たちの証しによって信じるすべての人たちのためのものでした。この祈りは、イエスの大祭司の祈りと呼ばれています。この祈りの中心的なテーマの一つは、神の民が一つとされることをキリストが父なる神に願われたことです。これはクリスチャンの一致のための祈りでした。しかし、どうでしょうか。私たちの属する二十一世紀の教会は、おそらく教会史のどの時代よりも分断されてしまっています。私たちは、てきたのです。

「結局のところ教会とは何なのか」という問いを抱えながら、この危機を目の当たりにし

歴史的に、ニカイア公会議において、教会は四つのキーワードによって定義されてきました。⑴唯一の教会、⑵聖なる教会、⑶公同の教会、⑷使徒的教会です。教会の本質を学ぶにあたって、教会の本質を定義するこの四つの側面に、目を留めたいと思います。

まず第一に、教会は「唯一」、一つです。しかし本当でしょうか。現代のキリスト教の全体状況を調査したとして、その特徴を一言で言い表すなら、「唯一の」や「統一された」という用語はまず選ばれないでしょう。

キリストが教会の一致のためにささげた祈りや、教会は一つであるという古代の教会の宣言を、私たちはどのように理解し、またどのように応答すればよいのでしょうか。歴史の中にはこの問題に対するさまざまなアプローチがありました。二十世紀には、「エキュメニカル運動」と名づけられたものがあります。これは、世界教会協議会〔World Council of Churches〕やその他の団体を通じて、分裂している諸々の教派を一つにし、中央集権化された教会組織を作り出す、もしくは再編成することを目指す試みでした。エキュメニカル

運動のそもそもの目標は、目に見える教会の一致を回復することでした。一致に向けて働きかけるこの運動が推進された結果の一つとして、以前は分かれていた教派同士の合併が実際に増加しています。ただ、残念ながら、二つの教会や教派が合併する場合、必ず一定数それに反発する人たちがおり、彼らは新しくできた組織を離れて、自分たちの価値観に合った別の組織を生み出すという現象が多々起こります。つまり、統合によって教派を減らそうとした運動は、単純にさらに多くの教派を作り出したのです。

さらに、別の問題が発生しました。多元主義の問題です。多元主義は、多様な視点と教理を単一の組織内に共存させることを可能にする哲学です。教会内であまりにも多くの教理上の不一致があるため、彼らは平和と一致を保ちつつ、教会内の異なる意見を受け入れようとしました。それはつまり、対立し合う視点を適合させようとする試みでした。

教会が多元的になるにつれて、許容される矛盾点が増えていきます。すると今度は、組織的・構造的な統一が中心的な関心事になっていきます。人々は、どんな犠牲を払ってでも、教会を目に見える形で一致させようと努めます。しかし、いつもその努力には代償が伴います。そして歴史において、その代償となったのは、しばしば教会の純粋な告白だったのです。

十六、十七世紀にプロテスタント運動が始まったとき、信仰告白が生み出されていきました。これらは、特定の教会に受け入れられ告白された教理を明文化した信条的宣言です。ほとんどの場合、これらの告白的文書は、クリスチャンになるとはどういう意味であるのかを示す核心的教義――三位一体、キリストの二性一位格、身体のよみがえりなど――を、要約したものです。何世紀もの間、プロテスタンティズムは、それぞれの教団によって告白された教理体系によって定義されてきました。しかし、今日では、エキュメニカル運動の影響もあり、これらの古い告白は相対化されてしまいつつあります。さらに、幾つかの教会では、目に見える教会の一致を実現するために、多元主義に歩調を合わせ、告白の基盤を広げる試みがなされています。

あなたが教会の一員であるなら、あなたはなぜそこに属しているのでしょうか。もう随分前から、私は一つのことに気づいています。それは、人々が教派間を渡り歩く傾向があることです。気に入った牧師、説教、音楽、または特定のプログラムがあれば、彼らはそこに集うのです。多くの場合、人々は、教派から教派へ、また地域教会から地域教会へと移動することに、心地よさを覚えています。悲しいことに、教会が何を信じているかに注意を払う人はほとんどいません。新約聖書には、教会は一つになるために召されていることが記されています。しかし、その召しについて考えるときに、使徒パウロが一致について、このように語ったことを覚えておかなければいけません。「主はひとり、信仰は一つ、バプテスマは一つです」。この一致は、統一された組織や統一された方法論のような表面的なものではなく、何よりもまず第一に、キリストの人格と御業に関する一致した信仰告白です。そして、第二に、その告白の内容は、同意されるべきものです。本来一致が見いだされるべき使徒的福音、その部分において一致が著しく損なわれていることは、実に悲しむべき現状ではないでしょうか。

第2章　真理に基づく一致

私たちはこれまでに、キリストの教会には四つの主要な要件があることを学びました。それは、唯一の、聖なる、公同の、使徒的教会です。また、エキュメニカル運動の結果として生じた幾つかの歴史的問題を見て、教会の一体性または一致について考えました。このエキュメニズムは、できる限り、目に見える形で、組織的、制度的統一を教会にもたらすことを目指しています。この運動をきっかけに教会は、組織内の多様な神学に対応するためには、神学的基盤と告白的基盤を広げる必要があることを見いだしました。これを多元主義と呼びます。

歴史的キリスト教には、常にある種の多元主義が存在しています。私は大学院で「異端の歴史」と呼ばれるコースを受講しました。学生たちは、教会史で最も激しい神学的論争を幾つか取り上げ、調べることになっていました。私たちは、エビオン派、ドケチズム、グノーシス主義などの異端について調べました。また、ニカイアやカルケドンで行われた有名な公会議についても学びました。これらの公会議は、キリスト論に関わる異端のさまざまな問題を取り上げました。教会は常に異端に対処しなければならず、教会は常に異端〔heresy〕と誤り〔error〕を区別してきました。この区別は、種類の違いではなく程度の違いです。教会は常に誤りに悩まされているか、少なくとも考えや信仰に誤りのあるメンバーに悩まされているものです。しかし、一つの誤りが非常に深刻になり、教会の生命そのものを脅かし、キリスト教の信仰の本質に影響を与える場合、教会は立ち上がって、「これは私たちが信じるものではない。この誤った信仰は異端であり、目に見える教会内で容認することはできない」と言わなければなりません。これが、歴史的に、神学をめぐる対立で起こってきたことです。

誤りの中には、非本質的と呼ばれるもの、すなわち救いの教理を揺るがさない誤りがあるということを理解しておくことは重要です。長年にわたり、クリスチャンたちはふさわしいバプテスマの形式について議論してきました。浸礼か、滴礼か、それとも注礼か……。しかし、キリスト教の歴史において、キリスト教と救いのために特定の形式のバプテスマでなければ不十分であると主張する人は、ほとんどいませんでした。しかしその一方で、ほとんどのクリスチャンは、すべての真理は重要であり、クリスチャン生活における全面的な服従が重要であることを認めています。特定の事柄に関する意見が異なったとしても、私たちは皆、神を喜ばせ、聖書に従順であろうと努めます。それでも、時には同意できないこともあるのです。

罪に関して一般的なことを言うならば、聖書は多くの罪を覆う一つの愛について語っています。しかし、特に悪質であるがゆえに、教会生活において戒規が求められるほどの罪も幾らかあります。多くの場合、教会員の会員資格を剝奪する正式な審問が行われます。新約聖書では、人が犯すすべての罪が除名に相当するとは定められていません。むしろ、愛、忍耐、寛容、辛抱強さが、クリスチャンとしてのあり方を表すものでなければなりません。私たちはお互いの弱さを忍耐強く、愛をもって耐え忍ぶべきです。意見が食い違うたびに、誰かを戒規に服させようとすべきではありません。

歴史的に、教会は救いに本質的に関わらない違いがあることを認めてきました。このような違いは、教会の"esse"（ラテン語で、本質、存在、または実体）に影響しません。しかしキリスト教の本質を脅かす問題もあり、それらは教会の歴史の中で、最も心かき乱す教理論争となって議論され続けてきました。

しかし、別次元の問題もあります。キリスト教の本質的な部分においては必ずしも間違いとは言えないのですが、誤った教えであり、いわゆる"bene esse"に影響を及ぼします。bene は、ラテン語で単純に「良い」を意味する言葉です。つまり、教会の本質に影響を与える類の誤り（主要な異端）と、教会の健全なあり方を阻害する、より些細な異端とを、私たちは区別するのです。

教会は常に、一致と純粋さを保つ術を見いだそうと苦労してきました。今の世代に関して私が強く懸念しているのは、教理を中和し相対化しようとする類いのエキュメニカルな動きが、私たちの目の前で起こっていることです。このような動きは、キリストの神性やキリストの贖罪（しょくざい）といった中心的な真理を疑うことから始まります。そして、それらはすべて、教会の目に見える一致の名のもとに行われるのです。

今日教会が直面している危機は、主として十八世紀の啓蒙主義が教会に与えた影響と、十九世紀の自由主義（リベラリズム）と呼ばれるものの出現によってもたらされました。それ以前は、リベラルであるということは単に自由でオープンであるということを意味しました。リベラルという用語は、本来は一つの美徳を表すものです。しかし、語末に接尾辞-ism（イズム）を付けると、それは教派間の線引きを超えて、あらゆる目に見える教会に多大なる影響を与えた特定の神学的派閥を指す言葉になります。この立場は、ドイツの神学者たちが歴史的キリスト教の超自然的な次元を攻撃し、聖書の奇跡の正当性を否定したことから始まりました。彼らはキリスト教信仰を道徳的規範や価値体系に還元しようとしたのです。彼らが実際に行おうとしていたことは完全に新しい宗教を確立しようとすることでしたから、直ちに伝統的教会を去るべきでした。

しかし、大多数の自由主義者はそうしませんでした。代わりに、彼らは主要な教派の神学校、大学、理事会、機関を味方につけ、目に見える教会での地位を確保しようとしました。そしておおむね、彼らは成功したのです。そのため、二十世紀の初め、アメリカでは根本主義者（ファンダメンタリスト）と近代主義者（モダニスト）の論争として知られる破壊的な闘争が起こりました。

教会はリベラル派と保守派の間、そして福音主義者と近代主義者の間で分かれ始めました。多くの場合、リベラル派と保守派は大きな教派内では共存し続けましたが、それは平和共存以外の何ものでもありませんでした。それ以降、このような教派の多くは分裂し、結果として、かつて主流派〔main line〕と呼ばれた教会は、少なくともその規模と影響力の面において「主流派」と言えないほどにまで分裂していきました。福音派の教会の成長は着実で、右肩上がりのものでしたが、自由主義に捕らえられた主流派教会は縮小傾向にあります。ある教派は、わずか二、三十年の間に百万人を超えるメンバーを失いました。

私は、十九世紀の自由主義のような異彩を放つ神学について、ほとんど知らないという人が多いことに驚いています。キリストの神性、キリストの贖罪、またはキリストの処女降誕を信じていない牧師たちが、いまだに公的な信頼を得ているようです。教派によっては牧師の約八割がこれらの教理を否定していることを知って、ショックを受ける人が多くいるようです。彼らは「牧師になろうとする者が、なぜこれらの教理を信じないのか」と尋ねます。それに対して私はこう答えるほかありません。今に始まったことではない。この問題は、ずっと以前からあったのだと。

第3章　教理は分裂をもたらす

私が子どものころ学んだ格言で、大変役立ったものがあります。それはこのようなものです。「同じまたは類似の羽の鳥は、常にできるだけ近い場所に集まる傾向がある」。言い換えれば、「同じ羽の鳥は一緒に群れる〔類は友を呼ぶ〕」となります。私たちは似たような価値観や視点を持った人々と共に集まろうとする傾向があります。実際、プロテスタント教会がさらす醜聞の一つは、教会の会員の定義が共通の信仰告白によってではなく、社会経済的な類似性の線に沿ってなされることです。かつて、私がローマ・カトリック教会について尊敬していたことの一つに、教会が「教区」[1]の概念に沿って設立されていたという点があります。つまり同じブロックに「第一」「第二」「第三」「第四」「第五」のローマ・カトリック教会を見かけることはまずありませんが、「第一バプテスト教会」「第二バプテスト教会」もしくは「第一長老教会」「第二長老教会」「第三長老教会」などが並んでいるのは珍しくない光景です。

新約聖書における一致は、信仰の一致です。ローマ・カトリック教会は、同じ会衆の中に、管理職、労働者、そしてさまざまな民族的背景を持つ人々を迎えることを定めています。これは素晴らしい実践です。教会は特定の社会層を対象にすべきではないからです。社会全体がキリストのからだに参加するよう召されています。新約聖書の共同体には、エペソのバプテスト教会、エペソの長老派教会、エペソのルーテル教会などはありません。あるのは、「エペソの教会」だけでした。もちろん、今日でも特に小さな村や町であれば教会が一つしかないこともありますが、ほとんどの場合、教会があちこちに乱立しているイメージです。しかし、繰り返し言いますが、新約聖書が語る一致とは信仰の一致であり、真理と福音に対する共通の献身のために人々が集まることによる一致です。私たちの時代には、目に見える組織体制によって、確固たる一致をもたらそうとする試みが見られました。一致を定義する別の方法として、霊の一致と呼ばれるものに努力を傾けるものがあります。

一九七〇年代にペンシルベニア州のリゴニア・バレー・スタディ・センターにいたとき、フランスから訪ねてきたクリスチャンのグループを迎え入れたことがあります。このグループは、カリスマ派の信徒たちでした。彼らはカリスマ的な経験を共有していましたが、彼らの教会の背景は幅広く、多様なものでした。ある者はルーテル派、ある者はローマ・カトリック、ある者はペンテコステ派、そしてある者は長老派の人々でした。御霊にあって一つとなった彼らは、体験した一致について大きな喜びと興奮に満ちて話をしてくれました。

彼らの間に見られる明らかな一致に驚いたので、私は、「皆さんは互いに、歴史的に根深い数々の相違点をどのように乗り越えたのですか」と尋ねました。すると彼らは、「というと？　例えばどのようなものですか」と言ったので、私は幾つか例を挙げてみました。しかしそれが間違いでした。五分も経たないうちに、彼らはこれらの相違点について激しく言い争い始めたのです。つまり、彼らは教理上の違いを脇に置いている間だけ、一致することができたのです。その時の緊張感が伝わるでしょうか。一方では彼らの交わりと霊的な一致は現実のものであり、それは実に好ましいものです。しかしもう一方で、教理の違いを完全に無視しようとすることには、深刻な危険が潜んでいるのです。

これが現代の文化の流れのようです。「教理は分裂をもたらす」という命題は、私たちの時代の公理とされています。歴史的にもこれは真実です――教理は確かに人々を分裂させる傾向があります。なぜ分裂をもたらすのか、疑問に思ったことはあるでしょうか。自由主義的（リベラル）な機関は、彼ら自身と異なる視点を寛容に受け入れることにおいて、非常に長けているように見えます。対照的に、保守派は、多くの事柄について争っているようです。

しかし、リベラルな人たちは、考えられているほど寛容ではないかもしれません。彼らは教理に関して曖昧な立場を示しがちですが、保守的な教理の議論に移るやいなや、彼らは声高に異論を唱えます。開放的であることを誇りに思っているはずの彼らが、一気に閉鎖的になるのです。そもそも、リベラルな教会が多種多様な教理を容認できるのは、教理が彼らにとってさほど重要ではないからでしょう。彼らはキリスト教信仰の本質的な内容に情熱を持っていません。それに比べて、保守的な環境では、人々は聖書の真理にいのちをささげる覚悟ができています。それはこの真理が永遠に関わることだと、彼らが見なしているからです。

リベラルな信念に立つ人々にとって、キリスト教の信条的告白に関する環境はかなり多様に変化しえます。なぜなら、彼らにとってそのような主義主張は重要でないからです。しかし、信者は信仰の内容に関心を持っているので、信者にとって信条は重要なものです。聖書に忠実であろうとする信者であれば、新約聖書の手紙のどのページにも、一度伝えられた信仰の真理を守るべきだとの勧めがあることを知っています。パウロは、テモテやテトス、その他の人々に助言しながら、誤った教理によって使徒的な信仰の真理を損なう人々を案じ、教会に警戒を与えることに心を砕いています。

十九世紀の自由主義（リベラリズム）に対する最も強い告発文となったのは、スイスの神学者エミール・ブルンナーによる古典的な著作、*Das Midler*『媒介者』でした。この著作で、彼は十九世紀の神学において発展した、キリストの神性と代償的贖罪を否定するに至ったキリスト論について論じました。ブルンナーは、十九世紀の自由主義の本質は、

unglaube「不信仰〔unbelief〕」という一言で定義することができると述べ、十九世紀の自由主義を不信仰の象徴だとしました。

　神学の歴史の中で最も揺れ動いた論争は、十六世紀のプロテスタントの宗教改革でした。この論争の中心には、主に二つの問いがありました。「福音とは何か」、そして「救われるために、私は何をしなければならないのか」、という問いです。マルティン・ルターは、その論争の熱狂が激化する中で、大きな苦難と多くの人々の敵意に耐えました。人生の終わりに至って、ルターは福音の光が彼の時代を突き抜けて、暗闇を照らしたのを目撃しました。宗教改革のモットーを覚えているでしょうか。Post tenebras lux つまり「暗闇の後に光」です。ルターは、決して遠くない将来に、福音の真理が再び覆われてしまうことは避けられない、と語っています。なぜなら、福音が宣(の)べ伝えられるところでは、分裂と論争が引き起こされることを知っていたからです。人々は継続的な論争を望みません。平和を求めます。

　イスラエルの偽預言者のメッセージは平和のメッセージでした。しかし、彼らの平和は幻想でした。彼らは、平和が無いときに平和を説きました。これは、ルターが肉の平和と呼んだ平和です。ルターは、情熱をもって正しく福音を語るとき、そこに平和はもたらされないと述べました。事実、私たちの主も、このように教えておられます。「わたしが来たのは地上に平和をもたらすためだ、と思ってはいけません。わたしは、平和ではなく剣をもたらすために来ました」（マタイの福音書10・34）。これは、神の国を拡げるために軍事的な武器を使うよう招かれている、ということではありません。私たちは平和をつくる人になるべきです。また寛容で、親切で、忍耐強くなければなりません。しかし、歴史の記録に目を留めると、イスラエルの真の預言者は真理のために戦い、そのたびに論争が生じていたことがわかります。

おそらく、人類史上最も大きな論争を引き起こした人は、イエス・キリストでしょう。人々は、イエスにつくか、もしくは反対するかのどちらかに駆り立てられました。「使徒の働き」に記されている使徒たちの教会の記録は、衰えることのない継続的な論争の記録です。その論争は福音の説教に焦点を当てたものでした。福音の説教はあまりにも物議を醸したため、ユダヤ人の共同体の宗教的指導者たちは、使徒たちが福音を宣べ伝えることを一切禁じました。それが、論争を生み、人々を分裂させるものだったからです。

私たちの世代では、平和こそが最高の美徳だと教えられています。私たちは原子爆弾の時代に生き、あらゆる地域におよぶ戦争を見てきました。私たちは敵対し合うのにうんざりし、人々が互いに戦い殺し合うのに嫌気がさしています。かつてのように教会が人々を火あぶり刑に処したり、拷問台にかけたりしないようになったことは、神の恵みによるものです。私たちは意見が合わない相手と共存することを学びました。私たちはそのような平和に価値を置きます。しかし、そのことを大切にするあまり、福音そのものを曖昧にしてしまう危険があるのではないかと、私は恐れているのです。真の意味で、一致を保っていないならば、私たちは一致について話すことに気をつけるべきです。時に私たちは、実際に持っている以上の一致があると信じ込んでいるのではないでしょうか。

歴史上、宗教改革の時代において、プロテスタントは、「プロテスタント」だけでなく「福音教会」とも呼ばれていました。彼らは、良き知らせ "evangel" を固く握っていたため、「Evangelicals」と呼ばれたのです。その後の歴史において、十六世紀の福音教会はさまざまな教派に分裂していきましたが、それらすべてを束ねる一致した基本原理がまだ存在していました。歴史的かつ古典的福音主義を一致させる二つの主要な点は、改革の二つの鍵となる「宗教改革のSola」でした。それは、sola scriptura（聖書のみ）、sola fide（信仰のみ）です。Sola scriptura（聖書のみ）は、プロテスタントの種々の教派が、聖書こそ信仰と実践に関わる問題の最終的な権威であると信じていたことを表すものです。彼らは皆、聖書の霊感と無謬性を信じていました。そして第二に、彼らは十六世紀の主要な課題、すなわち信仰のみによる義認の教理、sola fide（信仰のみ）に同意していました。他のどの点で異なっていたとしても（聖餐や他の教理などにおいて）、彼らは少なくともプロテスタントを結びつける共通の接合点を持っていたのです。その一致は数世紀にわたって保たれていました。

自らを「福音派〔evangelicals〕」と呼ぶこのグループの人々がこれらの二つの教理において隊列を乱すようになったのは、私たちの時代になってからのことです。二十世紀後半までは、自らを「福音派」と呼ぶ人が、聖書は神のことばであり、無謬であり、霊感を受けて書かれたものであり、誤りのないものであると信じていることはほとんど確実なものでした。しかし、今やその仮定はできません。一致は、解体されてしまったのです。

実際、ある歴史家は、福音派という言葉は全く空虚なものとなってしまったと述べています。歴史的に、福音派であることは教理的な意味を持っていました。つまり、特定の信仰告白の点から定義されていたのです。現在では、神学よりも方法論によって定義されている傾向があります。そして、今日、自由主義の歴史に見られたのと同じ多元主義が、いわゆる福音派の群れの中に横行しています。

クリスチャンとして生きようとすること、そしてできる限り「すべての人と平和を保とうとする」（ローマ人への手紙12・18）ことは、際どい分かれ目にあります。私たちは本当の平和を保つために、懸命に取り組まなければいけません。しかしまた同時に、私たちは福音の真理と教会の純粋を保つことに忠実であるようにも召されているのです。

1　ここでいう「教区」とは教会の行政単位（一人の司教が管轄する地域）のことで、地理的に決まるもの。

第4章　見えるもの、見えないもの

「見えない教会」という言葉を聞いたことがあるでしょうか。この「見えない教会」という考え方は、聖アウグスティヌスによって深く論じられてきました。彼は、「見えない教会」と「見える教会」を区別しています。アウグスティヌスによるこの区別は、しばしば誤解されてきました。彼が見える教会によって意味していたものは、私たちがこの世界で目にする組織としての教会でした。見える教会には会員の名簿表があり、私たちはそれを確認することができます。

見えない教会について考える前に、一つの質問をしましょう。クリスチャンになるために教会に行く必要がありますか。体力の許す限り教会に出席することは、天国に行くための要件でしょうか。非常に専門的な意味では、答えはノーです。しかし、幾つかのことを覚えておく必要があります。キリストは、ご自身の民に集まることをやめないようにと命じておられます（ヘブル人への手紙10・25）。神がイスラエルの民を形成されたとき、神は彼らを目に見える国家として組織し、神の前での共同体礼拝という厳格かつ神聖な義務を課しました。人がキリストの内にあるなら、その人はコイノニア（koinōnia）に参加するように召されています。コイノニア、つまり他のクリスチャンとの交わりとキリストの戒めにかなった神への礼拝です。ある人がこのすべてを知りながら、このような交わりに参加することを継続的かつ故意に拒むなら、それはその人の回心の事実について深刻な疑問が湧いてくることになります。新しくクリスチャンとなった人がそのような立ち位置をとることも可能かもしれませんが、私はその可能性は低いと思っています。

私たちのうちには、回心という段階で自分自身を欺いている人もいるかもしれません。自分はクリスチャンだと主張しているとしても、キリストを愛しているなら、どうしてキリストの花嫁を軽蔑することができるでしょうか。どうして、キリストが私たちに参加するようにと召されたもの、つまり主の見える教会から、一貫して、継続的に、自分自身を遠ざけることができるでしょうか。私はこのことを続けている人々に対して、厳粛な警告をします。あなたは、実のところ、自分の魂の状態についてごまかしているのではないでしょうか。

見えない教会は時に、見える教会とは相反するもの、見える教会の外側にあるもの、または離れているものと誤解されることがあります。アウグスティヌスはこのような線引きをしたのではありません。彼は、見えない教会は本質的に見える教会の中に見いだされると述べました。二つの円を想像してみてください。最初の円には、「見える教会」と書かれています。それは、私たちが知っている、人が認識できる組織的な教会です。見えない教会は、別の円として、本質的に見える教会の円の中に存在します。見えない教会には、見える教会のメンバーではない少数の人々がいる可能性もありますが、ほんのわずかでしょう。

なぜアウグスティヌスは見えない教会について語るのでしょうか。それは、新約聖書のイエスの教えに忠実であるためです。アウグスティヌスは、教会は corpus permixtum であると教えました。corpus permixtumとは、どういう意味でしょうか。まずcorpusの意味は私たちにもわかります。肉体です。では、Corpus Christiはどういう意味でしょうか。キリストのからだです。Corporation〔団体〕とは、人々から成る組織を指します。つまり、corpus permixtumとは、教会が混合体であることを意味するのです。

制度的な教会の物理的範囲の中には、真の信者もいますが、見える制度的な教会の中には同時に不信者もいます。彼らは教会の中にいても、キリストの内にはいません。なぜなら、彼らは偽りの信仰告白をしたからです。イエスは同時代の人たちに対して、「この民は口先でわたしを敬うが、その心はわたしから遠く離れている」（マタイの福音書15・8）と言われました。イエスはイスラエルの中にも、真の信者ではない人々がいることをはっきりと知っておられました。パウロも同様のことを述べています。「イスラエルから出た者がみな、イスラエルではないからです」（ローマ人への手紙9・6）。このようなユダヤ人は特定の儀式を行い、見える共同体の一員となっていました。彼らはすべての活動に参加していましたが、部外者であることには変わりなく、神を知らない人々でした。

新約聖書で、イエスがこのことについて用いたたとえは、毒麦と良い麦のたとえです。

毒麦は雑草です。これは、農業の環境では非常にわかりやすいたとえです。土地から最大限の生産性を得るためには、農産物よりも簡単に成長してしまう毒麦を最小限に抑える必要があります。

イエスはこのたとえを用いて、まず教会の規律を重んじ、純潔を妨げる恐れのある雑草が取り除かれるよう教会に警告を与えています。また一方で、教会をきよく保とうとする熱心さのあまり、毒麦と共に良い麦を引き抜くことのないように、教会の規律の用い方に細心の注意を払うべきだと教えられました。

神は心に目を向けられます。そして私にとって、他の人の魂は決して見えないままです。私はあなたの信仰告白を聞くことができます。あなたの生活を観察することもできます。しかし、あなたの心の最も奥に潜む小部屋にあるものは、私にはわかりません。私には、あなたの魂が見えません。私はあなたの考えを読むこともできません。しかし神は、あなたの考えを読むことができ、神はあなたの魂の状態をいつでも正確に知っておられます。私には見えないものでも、神には見えるのです。これは、私たちの限られた認識とは違うところです。

見えない教会にいるのは、誰でしょうか。アウグスティヌスによれば、そこにいるのは真の信者であるすべての人々です。そして、もちろん、彼は選ばれた者についても述べました。なぜなら、アウグスティヌスによれば、選ばれた者は、最終的に真の信仰に至るからです。そして、真の信仰に至るすべての人は、選ばれた者の中に数えられています。ですから、アウグスティヌスが見えない教会について語ったときには、彼は真にキリストの内にある者、神の真の子どもである、選ばれた民について語っていたのです。

ジャン・カルヴァンは、見えない教会を想像上の産物や未知の空間にあるもののように考えるべきではないと言いました。アウグスティヌスに倣って、カルヴァンも、見えない教会が見える教会の中に本質的に存在すると主張しています。彼は、見えない教会を見えるようにする（具現化する）ことが、見えない教会の主要な務めであると言いました。[1]

これはどういう意味でしょうか。カルヴァンは、イエスの昇天の場面を思い起こしていたのです。イエスが世を去る前に、弟子たちが尋ねた最後の質問があります。「主よ。イスラエルのために国を再興してくださるのは、この時なのですか」。イエスは彼らに言われました。「いつとか、どんな時とかいうことは、あなたがたの知るところではありません。それは、父がご自分の権威をもって定めておられることです。しかし、聖霊があなたがたの上に臨むとき、あなたがたは力を受けます。そして、エルサレム、ユダヤとサマリアの全土、さらに地の果てまで、わたしの証人となります」（使徒の働き１・７〜８）

イエスによってなされたこの宣言は、キリスト教の専門用語であるためによく誤解されています。クリスチャンが「証しをするとはどういう意味ですか」と尋ねられたなら、「誰かにキリストについて伝えること」というのが、普通の答えでしょう。これは完全に間違っているわけではありません。ある意味で、伝道は証しの一つの形です。しかし、伝道だけではありません。証しの目的は、隠された何かを明らかにすることです。カルヴァンは、目に見えない神の国を見えるようにすることが、教会の務めだと言いました。そのために、私たちはまず、福音を宣べ伝えます――これが伝道です。しかし、私たちはまた、神の国を表現し、この世で正義を実践し、この世であわれみを実践し、神の国がどのようなものであるかを世に示すことによって、キリストの証人となるのです。これは、教会が行う一つひとつの事柄を通して、神の御霊のいのちを体現し受肉化することを意味します。それは、教会の良き業が升の下に隠れることなく、明らかに見えるようになるためです。私たちは、キリストの臨在と神の御国をこの世で証ししなければなりません。

見えるものと見えないもの、という用語を用いることには、ある種の危険が伴います。一部の人々は、自分たちが見えない教会に属していれば、〝秘密の礼拝（シークレット・サービス）〟をするクリスチャンになれると考えるからです。しかし新約聖書が私たちに命じているのは、キリストを証しし、福音の光を示し、神の国を見えるようにすることだといううことは明らかです[2]。そして、これこそ教会のやるべきことです。

環境、場所、世代を問わず、教会は常に、程度の差にかかわらず見えるものであり、そして程度の差はありつつも真実性を持っています。しかし、教会でさえも燭台を失い、教会でなくなる可能性があります。背教者になる可能性もあるのです。教派も背教者になる可能性があります。信仰共同体の全体が見えない教会を去り、真の教会でなくなる可能性もあります。

あなたは見えない教会のメンバーですか。見えない教会は、真の意味でキリストと一つであるため、常に一致を楽しみ味わいます。見えない教会の一致点、つまり教会の境界線と教派の壁を超えて一つにするものは、私たちがキリストと結び合わされていることです。

キリストの内にあり、キリストが内にいてくださる人は誰でも、見えない教会のメンバーです。その一致はすでに存在し、それを壊すものは何もありません。だからといって、そこに安住できるわけではありません。見えない教会の一致があることに、ただただ満足すればよいのではありません。私たちは、なおも、見える教会の真の一致のために、できる限りの努力をしなければならないのです。

1　このカルヴァンの言葉の引用元は不明。別に、「We must make the invisible kingdom visible in our midst.（我々は目に見えない神の国を我々のあいだに見えるようにしなければならない）」という言葉もある。

2　要人の警護を請け負う機関であるシークレットサービスとかけている。

第5章　聖なる教会

ニカイア信条は、「私は唯一の、聖なる、公同の、使徒的教会を信じています」と述べています。私たちはこれから、教会に関係する、聖さという性質に目を向けようと思います。かつて、教会は世界で最も腐敗した機関であると言われていました。今ではそれが、あまりに大袈裟な言葉、または誇張のように思えるかもしれませんが、腐敗をどのように評価するかによっては、真実ともなる可能性があります。まず、単純に剝き出しの悪に目を留めるなら、明らかに組織犯罪やネオナチなどは教会よりはるかに腐敗していると見なされることでしょう。しかし、道徳的責任に応じて善と悪の判断基準が厳しくなるとしたら、確かに、教会は最も腐敗した機関と言えます。イエスは、「多く与えられた者はみな、多くを求められる」と言われました（ルカの福音書12・48）。その基準を教会に適用した場合、教会は、あらゆる機関の中で、神の恵みの恩恵を最も受けたものであると言えます。私たちが教会として受けたさまざまな恩恵と恵みの施しに照らし合わせ、それに対応する重い責任の観点から見るなら、私たちは果たすべき責任の基準に達しておらず、相対的に腐敗していると言わざるをえません。

新約聖書においてパウロが信仰者を頻繁に「聖徒」と呼んでいることは、ある人々にとっては滑稽に思えるかもしれません。たとえば、彼はコリントにいる聖徒やエペソにいる聖徒に手紙を書きました。聖徒と訳されている言葉はhagioi〔ハギオイ〕という言葉で、これは聖なる者を意味します。聖霊は、この同じギリシア語で「聖」と呼ばれています。キリストのからだの構成員は、どのような意味で聖なる者または聖人、hagioiと呼ばれているのでしょうか。私たちは、人が正当に「聖」と呼ばれるべき根拠に注目しなければいけません。まずは教会の召命〔vocation〕を理解することから始める必要があります。召命とはもちろん召し〔calling〕のことです。召命という言葉は、私たちの一般的な語彙からほとんど消えてしまいました。今日の人々は、自分の仕事やキャリアを指してこの語を用いていますが、かつてはそれぞれに召命があることをすべての人が理解していました。召命とは、特定の事業に従事するようにとの神の召しを意味するものでした。人々は、神からの賜物に応じて与えられた責任として、外科医、農民、または主婦となることを神からの召しだと考えました。

召命の本来の趣旨は、教会に関する聖書の用語に組み込まれています。新約聖書において、「教会」と翻訳されているギリシア語の言葉は、エクレシア〔ekklēsia〕です。教会的〔ecclesiastical〕という言葉はこのギリシア語の言葉から派生しています。この単語に注目し分解すると、ekklēsiaには接頭辞と語根が含まれていることがわかります。ギリシア語を学んでいなくとも、これを理解することはできます。接頭辞ek〔エク〕はexに由来するもので、「from〔から〕」もしくは「out of〔から外へ〕」を意味します。さらに、この単語の基本の語根は、ギリシア語のkaleō〔カレオー〕から来ています。これは「呼び出す」という意味です。これは私たちが用いている英単語の「call〔呼ぶ〕」に非常に似ています。聖書におけるエクレシアという用語の根本的な意味に注目するなら、語源的には、何かから呼び出されたものを意味していることがわかります。

教会がエクレシアと呼ばれる理由は、教会が神によって世から呼び出された（召された）人々の集まりだからです。イエスが生まれたとき、ヘロデは乳児を殺せと命じ、この新しく生まれた王を滅ぼそうとしました。主の御使いは、ヨセフに夢で語りかけ、その地から逃げるように警告したため、彼らはエジプトに下りました。しかしヘロデが死んだ後、ヨセフのもとに、危険は去ったからパレスチナに戻ってよいという啓示がありました。ここに、聖書が成就されたと記されています。「わたしは、エジプトからわたしの子を呼び出した」（マタイの福音書２・15）。この預言は、神が最初に出エジプト記で行われたことの究極的な成就が、後の日になされることに言及するものです。出エジプトでは、神はイスラエルをエジプトの束縛から呼び出し、イスラエルの民を養子とし、神の子とされました。真の意味で、教会の召命は神の子への召し――つまり神がエジプトの隷属状態から民を贖われたことから始まっているのです。しかし、これにはさらに深い意味があります。クリスチャンと教会、旧約聖書のイスラエルと新約聖書の教会はいずれも、神によってエジプトから召し出されただけでなく、世から召し出されました。それはこの惑星を去るという意味ではなく、「聖」への召しだったのです。神がイスラエルを形造られたとき、神が彼らにこう言われたのを覚えていますか。「わたしはあなたがたの神、主であるからだ。あなたがたは自分の身を聖別して、聖なる者とならなければならない。わたしが聖だからである」(レビ記11・44)。パウロが、エペソ、コリント、テサロニケの聖徒たち――聖い者たち――に手紙を書くずっと前から、教会は神によって聖に召された人々であるという考えは、旧約聖書ですでに深く、しっかりと確立されていたのです。

「聖」という言葉そのものは、異なること、もしくは特別に区別されることを意味します。ある人が区別される場合、その人は平凡な普通のものから離れて、特別な、普通ではない何かに導かれます。もちろん、聖書的な観点では、聖に召されたイスラエルの人々が、世における一般的なものとは異なる型、基準、または生き方に従って生きるよう召しを受けたことを指します。つまり、これは敬虔な生き方、異なる生き方への召しでした。

聖なる教会という表現について、私たちがまず理解しなければならないことは、教会は聖なる召命、聖なる召しを受けているということです。教会は他のあらゆる機関から区別されており、神の民は特定の使命のために特別に取り分けられています。彼らは神の性質を映し出し、反映しなければなりません。これは、見えない教会の一員である私たちが旅人と呼ばれることを意味します。私たちがこの世の一時滞在者、旅人、そして寄留者であることを、聖書が強調するのはこのためです。

加えて、教会が聖と呼ばれることには、もう一つの意味合いがあります。教会が聖と呼ばれるのは、教会の構成員が聖霊なる神の内在を得ているからです。聖霊の内在を得ている人は誰でも、聖と見なされ、神の目から見て特別に区別されている存在なのです。教会は、神が創造された目に見える機関であり、そこに神の霊が住まわれることを神は喜ばれます。注意しなければならないのは、見える教会の中に宿る霊は聖霊だけではないということです。私たちは悪霊を見つけ出し、霊を試さなければなりません。しかし、教会のうちに聖霊が臨在しておられ、その人々の生活の中に聖霊が働いておられるなら、教会は聖なるものです。パウロが罪人を見て、なおも彼らを聖徒として扱うことができたのは、このためです。彼ら自身はまだ罪人のままであっても、聖霊によって新しくされ、聖霊によって生まれ、聖霊の内在があるなら、彼らは今、hagioi、「聖なる者」であり、聖化の過程にいる者なのです。

これに対して、教会は聖なるものというより、むしろ偽善者で満ちた場所だと言われるのを耳にすることがあります。このような声には、「いつでも、席はもう一つ空いていますよ」と答えるとよいかもしれません。教会にいる私たちのうち誰も、信仰告白に完全に従って生きることはできないのです。聖徒と呼ばれる信仰者は、聖化の過程にある罪人の交わりです。私たちはキリストの作品です。キリストは私たちを練られ、教会を練られます。キリストは私たちと教会を聖くつくり上げてくださいます。人が天国に至るまで完全に聖化されることはないように、教会も栄光を受けるまで、完全に聖められることはありません。

聖書が教会を「キリストの花嫁」と呼んでいることは、すでに学びました。いつの日か、この花嫁が息をのむほど美しい純白の衣装をまとう姿を、私たちは目撃するのです。今は、花嫁のドレスは傷んでいます。汚れやしみ、しわがあります。しかし、キリストは花嫁のすべてのしみ、汚れ、しわを取り除き、終わりの日に完全で聖く、栄光に満ちた花嫁を父の御前に示すことを誓われました。

今、私たちは、しみやしわのあるドレスをまとった花嫁です。花嫁衣装をまとって結婚式に臨む花嫁を見て、あなたがこんなふうに思うとしたらどうでしょうか。「おやまぁ。あのドレス、部屋の隅に半年くらい放っておかれたのでは？　しわだらけじゃないか」。結婚式にそのような格好で現れる花嫁はいないでしょう。現状を見る限り、私たちに誇るものは何もありません。しかし、私たちが徐々に聖くされること、これは真の教会の定めとして、絶対的に確かなことです。ただし、だからといって目に見える機関としての教会は決して滅びない、または背教に陥らないということではありません。見える教会は、そうなる可能性があります。しかし、私たちは今、見えない教会について話しています。これは真の信仰者で構成される教会です。歴史のある時点で、この教会は内に住まわれる聖霊によって常に力を得、純潔を保ち、その完全なる聖さと召命への忠実を表すようになります。これは教会が大きな迫害や大きな苦難の時に直面する理由の一つです。苦難の中に置かれることによって、るつぼ〔高熱で金属を溶かす器〕による浄化がもたらされます。神はこのような手段を用いて、教会に聖化と純潔をもたらしてくださるのです。時に神は、ご自分の民を呼び覚ますことを喜ばれます。そして私たちは常に、私たちの召命に目覚め、神の民として、神が聖であられるように自分たちも聖となる召しに目覚める必要があるのです。

「私の教会は聖い場所だろうか」と自問してみてください。私がこう聞いたとしたら、あなたは笑い飛ばすかもしれません。なぜなら、教会を蝕むさまざまな欠陥、誤り、罪が、いとも簡単に見つけられるからです。覚えておいてください。教会は、今は、まだ汚れています。しかし、教会はキリストの花嫁でもあるのです。聖さとは、教会の歴史の瞬間瞬間に見られるもの〔is〕ではなく、やがてそうなるもの〔will be〕なのです。現在私たちが目的とすべきは、聖化の途上にある聖徒となることです。そして私たちは、神が教会に与えられた召命に忠実であるために、聖霊の賜物と恵みに拠り頼む者にならなければいけません。

第6章　普遍的な教会

教会の一致と聖さについての考察を終え、ここからはニカイア信条の三番目の記述――教会は公同（カトリック）のものであるという部分に移ります。ここで、公同（カトリック）という言葉はローマ・カトリック教会を指しているのではないことを必ず覚えておいてください。むしろ、公同（カトリック）という言葉は、普遍的、もしくはあらゆる時・あらゆる場所を意味します。公同の教会という概念は、イエス・キリストの教会が、特定の都市にしか存在しなかったり、ある地理的な場所に集まる風変わりな人々の間にしか存在しないといった、偏狭な組織体ではないということを示しています。教会は、国境にさえ縛られません。むしろ、キリストの教会は国境をまたいで見られるもので、あらゆる言語、言葉、国の人々で構成されています。

さほど昔のことではありませんが、私はフロリダのある小さな教会で説教をしたことがあります。その朝、教会には約百五十人の会衆がいました。私は説教前に、今朝は緊張しているがご容赦ください、私は何百万もの人々の前で説教するときはいつも緊張するもので……、と言いました。会衆は笑い、周囲を見回し始めました。この小さな教会以外の聴衆に向けて、この場を中継しているラジオ番組やテレビカメラでもあるのか、と探し始めたのです。私は断じて真剣だと断り、ヘブル人への手紙の一節に彼らの注意を向けさせました。ヘブル人への手紙の著者は、このように記しています。

「あなたがたが近づいているのは、手でさわれるもの、燃える火、黒雲、暗闇、嵐、ラッパの響き、ことばのとどろきではありません。そのことばのとどろきを聞いた者たちは、それ以上一言も自分たちに語らないでくださいと懇願しました。彼らは、『たとえ獣でも、山に触れるものは石で打ち殺されなければならない』という命令に耐えることができませんでした。また、その光景があまりに恐ろしかったので、モーセは『私は怖くて震える』と言いました。しかし、あなたがたが近づいているのは、シオンの山、生ける神の都である天上のエルサレム、無数の御使いたちの喜びの集い、天に登録されている長子たちの教会、すべての人のさばき主である神、完全な者とされた義人たちの霊、さらに、新しい契約の仲介者イエス、それに、アベルの血よりもすぐれたことを語る、注ぎかけられたイエスの血です」（ヘブル人への手紙12・18〜24）

ヘブル人への手紙の著者は、ここで教会について、普遍的な教会の経験について語っています。彼は、キリストの勝利によって新しくもたらされた事態を思い起こさせ、旧約聖書の時代から物事が一変したことを示しています。私たちはもう暗闇と雷と稲妻に覆われた山に来るのではない、その山は絶望的な恐怖を与える場所であったと彼は言います（これは、神が天からシナイ山に降りて来られ、モーセに石の板、つまり律法を与えた時のことを説明しています）。著者は、私たちが教会に行くとき、このような場所に入るのではないと言っています。今、教会に行くとき、私たちはキリストが昇っていかれた天の御国そのものに入っていくのです。キリストは私たちの大祭司として、ただ一度すべての人のために天の聖所に入られ、垂れ幕を引き裂かれました。この幕は本来、神の臨在に私たちが直に触れることを禁ずるためのものでした。しかし今、みことばによると、私たちは天の御国そのものに入ることが許されているのです。

神はどこにでもおられます。教会の建物の中だけではありません。私たちは神の臨在を制限することはできないと知っています。しかし、教会の入り口に立つとき、そこには重要な象徴的意義があります。霊的に言うならば、その建物に足を踏み入れるとき、私たちは神の民が共に集い、神に礼拝と賛美のいけにえをささげる場所に入るのです。教会は聖なる地です。そこは、神の民が聖なる礼拝をささげるために集まる、聖なる場所です。

新約聖書はこう語ります。私たちが礼拝を共にささげるとき、その礼拝は百五十人の集う集会で行われるだけではありません。私たちの礼拝は、天で行われているのです。パウロは、私たちの礼拝には天使たちが参加し見守っているので、集会の中での振る舞いに気をつけるようにと警告しています。ヘブル人への手紙の著者もまた、私たちは、証人の雲——私たちの前の時代を生きた聖徒たち——に取り囲まれていると述べています。

では、日曜日の朝、私たちの会衆の中には誰がいるのでしょうか。先週の日曜日、私は教会にいましたが、そこに誰がいたと思いますか。アベル、ノア、アブラハム、イサクが現れました。また、ダビデとデボラとヨシュアとイザヤとエレミヤとエステルとアモスとレアとホセアとヨエルとエゼキエルとハンナとダニエルがそこにいました。パウロとペテロももちろんいましたし、ステパノ、マリア、バルナバ、そして偉大な医師ルカもそこにいました。テモテはいつも、テトスとヤコブと共に私たちの教会にやって来ます。もう少し周りを見回せば、他に誰がいたと思いますか。驚いたことに、アタナシウス、アウグスティヌス、マルティンとカタリナ・ルター夫妻、ジャンとイドレット・カルヴァン夫妻、ジョナサンとセアラ・エドワーズ夫妻、Ｂ・Ｂ・ウォーフィールドがいたのです。すでに眠りについたすべての聖徒は、天の集会の一員です。教会が集まるとき、どんなに小さくても、場所がどんなに離れていても、それは公同の教会なのです。

それだけでなく、教会での集まりの中で私たちは使徒信条が communio sanctorum（聖徒の交わり）と呼ぶものを味わっています。その「聖徒」には、先に天国に行った聖徒たち――勝利者なる教会――だけでなく、この地上で闘う聖徒たちも含まれます。教会の闘士には、チェコ共和国、ハンガリー、ルーマニア、中国、ブラジル、ケニア、英国、そして世界中の聖徒がいます。私たちは公同の教会の交わりに共に加えられているのです。なぜこれが可能なのでしょうか。非常に簡単なことです。それは、キリストと花嫁の神秘的な結合です。キリストの花嫁の一部とされたものは、誰もがキリスト・イエスの内にある者です。キリストがおられるところに、主の教会があります。ヘブル人への手紙を、もう一度思い出しましょう。

「しかし、あなたがたが近づいているのは、シオンの山、生ける神の都である天上のエルサレム、無数の御使いたちの喜びの集い、天に登録されている長子たちの教会、すべての人のさばき主である神、完全な者とされた義人たちの霊、さらに、新しい契約の仲介者イエス、それに、アベルの血よりもすぐれたことを語る、注ぎかけられたイエスの血です」（ヘブル人への手紙12・22〜24）

教会の礼拝において最も素晴らしいことは、教会がキリストの臨在の内にあることです。キリストは花嫁のもとに来られます。花嫁が集まるたびに花婿もそこにいてくださいます。

だからこそ、絶対に休んでほしくないのです。だからこそ、聖徒たちと共に集まる集会を逃してほしくありません。「来週の日曜日、誰が教会に来ると思いますか。イエス様ご自身が来られます！」というニュース速報を私が出したとしたら、予定を全部キャンセルしてでも、駆けつけるのではないでしょうか。

第7章　使徒という土台の上に建てられた教会

教会の土台とは何でしょうか。私たちは、「キリスト・イエスを基として〔The church's one foundation is Jesus Christ our Lord〕」（『聖歌』一六〇番）という賛美歌を歌います。しかし時に、賛美歌の歌詞は、間違った情報を伝える媒体になることもあります。イエスは確かに土台〔foundation〕の一部です。しかし、より正確に建築の比喩を用いるなら、イエスは単なる土台ではなく、教会の主要な礎石〔cornerstone〕と呼ばれています。土台全体はイエスの中に築かれているのです。

ここでの土台とは何でしょうか。新約聖書によると、その土台は使徒と預言者です。ピリポ・カイザリアの地方で、イエスが「〔しかし〕あなたがたは、わたしをだれだと言いますか」と尋ねたとき、ペテロが偉大な告白をしたことを思い出してください。「シモン・ペテロが答えた。『あなたは生ける神の子キリストです。』すると、イエスは彼に答えられた。『バルヨナ・シモン、あなたは幸いです。このことをあなたに明らかにしたのは血肉ではなく、天におられるわたしの父です。そこで、わたしもあなたに言います。あなたはペテロです。わたしはこの岩の上に、わたしの教会を建てます。よみの門もそれに打ち勝つことはできません』」（マタイの福音書16・15〜18）。キリストが建てられた教会は、砂の土台の上ではなく、岩の土台の上に建てられます。そして、教会が建てられるその岩は、新約聖書の比喩によるところの、預言的、使徒的な言葉、つまり聖書の御言葉という岩です。

ヨハネの黙示録について考えてみましょう。この書の21章には、新しいエルサレムの出現の幻が記されています。天から降ってくる新しい都エルサレムは、壮大な言葉で描かれています。21章14節に、こうあります。「都の城壁には十二の土台石があり、それには、子羊の十二使徒の、十二の名が刻まれていた」（21・14）。新しいエルサレムでさえ、使徒を土台としているのです。

これがなぜ重要なのでしょうか。私は、現代、最も深刻に揺るがされている教会の属性は、この使徒性であると考えます。なぜなら、正典の権威を丸ごと否定する人々が、教会内にいるからです。これは教会そのものの基礎を切り崩す、反乱です。パウロの教えを否定したり、ヨハネの教えに同意しなかったり、正典の完全性を信じなかったりすることはあるかもしれません。しかし、キリストの教会を盗み出し、別の土台の上に建てようとすることだけはやめていただきたい。よくわからない土台の上に新しく改良されたものを作り上げようとするくらいなら、「私はキリスト教を否定します」とはっきり言ってみたらどうでしょうか。

使徒的であることの意味は何でしょうか。その質問に答えるためには、初めに戻って「使徒とは何か」と、問わなければなりません。使徒〔apostle〕という言葉はギリシア語のアポストロス〔apostolos〕からきていて、「遣わされる者」という意味があります。ある人からある場所に送られるのが、使徒です。ギリシア文化では、アポストロスとは、使者、大使、使節のことでした。アポストロスには、王の不在の間、王の代理を務める権限が委ねられていました。

ある人によって遣わされ、代理権を持つのが使徒であるなら、新約聖書における最高位の使徒とは、イエスご自身です。イエスは御父から世に遣わされ、この地上に来られたとき、こう言われました。「わたしは自分から〔自分の権威に基づいて〕話したのではなく、わたしを遣わされた父ご自身が、言うべきこと、話すべきことを、わたしにお命じになったのだからです」（ヨハネの福音書12・49）。また、このようにも言われました。「わたしには天においても地においても、すべての権威が与えられています」（マタイの福音書28・18）

その意味では、新約聖書の第二の使徒は、弟子のうちの誰かではなく（彼らの中に使徒もいましたが）、聖霊であると言えるでしょう。イエスはこう言われます。「そしてわたしが父にお願いすると、父はもう一人の助け主をお与えくださり、その助け主がいつまでも、あなたがたとともにいるようにしてくださいます。この方は真理の御霊です。世はこの方を見ることも知ることもないので、受け入れることができません。あなたがたは、この方を知っています。この方はあなたがたとともにおられ、また、あなたがたのうちにおられるようになるのです」（ヨハネの福音書14・16～17）

キリスト教が拡大した最初の数世紀において、聖書的キリスト教に対する最大の脅威は、グノーシス主義と呼ばれる異端によってもたらされました。グノーシス派（ギリシア語の「グノーシス〔gnōsis〕」に由来する）は、特別な知識を得ていると主張する人々でした。彼らは、グノスティコイ（知識のある者）であることを主張し、聖書の使徒たちの権威に取って代わろうと努めたのです。彼らは、自分たちの知識がイエスの使徒たちの唱えた知識よりもはるかに優れていると論じ、自分たちの優位性を主張するために大量の文書を記しました。

当時のキリスト教の擁護者の一人に、エイレナイオスという神学者がいました。エイレナイオスはキリスト教の弁証家でした。彼の最も重要な著作の一つは『異教反駁』と題されたものです。彼は主要な異端として、グノーシス主義を取り上げました。グノーシス派に対する反論を繰り広げるなかで、彼は今日の私たちにとって重要な論拠を挙げています。この論点は、使徒という言葉の基本的な意味に基づいています。前述したとおり、アポストロスという言葉は、文字どおりには「遣わされた者、または、遣わした者を代表する正式な権限を与えられた者」という意味です。エイレナイオスは、グノーシス派は使徒の権威を否定しただけでなく、論理的必然性により、キリストの権威および神の権威をも否定したと論じました。

彼は、どのようにしてこの結論に至ったのでしょうか。それは次のような論理でした。キリストによって、キリストの権威を受けて遣わされた使徒たちを否定することは、使徒たちに権限を与えたキリストの権威を否定することになります。もし彼らが、聖書の使徒たちを遣わされた方、すなわちキリストご自身の権威を否定するのであれば、キリストをこの世に遣わされた方、すなわち父なる神の権威も否定していることになります。最終的に、エイレナイオスはグノーシス主義に対して、彼らは神を知らないと述べ、父が子を遣わされ、子が使徒を遣わされたという一連の権威の委任がある以上、彼らの使徒への攻撃は神ご自身への攻撃だ、とまとめています。

使徒的伝承の概念は、聖書にとって極めて重要なものです。この伝承は、プロテスタント以外のキリスト教の伝統が保持しているような、文書になっていない口頭の教えではなく、むしろ新約聖書そのものです。使徒的伝承とは、教会が考え出したものではなく、受け取ったものです。教会はこれを使徒たちから受け継ぎました。使徒たちは、キリストと聖霊からそれを受けたのです。だからこそ、使徒の教えを否定することは、神の権威そのものを否定することになるのです。

第8章 主のしもべ

英語の church〔教会〕という言葉は、ギリシア語の kuriakē〔キュリアケー〕に由来するものです。これは kuriakos〔キュリアコス〕という形容詞[1]の一形態で、kurios〔キュリオス〕のもの、もしくは kurios によって所有されている、という意味です。

では、kurios とはどういう意味でしょうか。これは、新約聖書の重要な用語です。ギリシア語で「主」を意味するこの言葉は、旧約聖書の契約を結ぶ神の名前であるヤハウェ、そしてヘブライ語の称号であるアドナイを翻訳した新約聖書の言葉だからです。詩篇には

「主よ 私たちの主よ　あなたの御名は全地にわたり　なんと力に満ちていることでしょ

う」(詩篇8・1)とありますが、これは「ああ、ヤハウェ、私たちのアドナイ、あなたの名前は、全地においてどれほど素晴らしいのでしょうか」と言っています。旧約聖書のギリシア語訳では、「主権者」を意味するアドナイという言葉を、kuriosという言葉で表現しています。[2]

新約聖書では、kuriosは三つの異なる方法で使われています。まずシンプルに、kuriosは英語で言う「sir(先生)」や「Mr.(…さん)」に対応する、敬意を表す丁寧な言い方です。しかし、kuriosいう言葉の最上級かつ最も高貴な使い方は、「皇帝的な使い方」と呼ばれるもので、kuriosである者に絶対的な主権を帰する称号として用いられるものです。パウロはピリピ人への手紙2章10~11節で、この語のこの形を用いて、すべてのものが膝をかがめ、すべての舌が「イエス・キリストはkurios(つまり主)です」と告白する、と記しています。

この称号は、新約聖書のキリストを理解する上で重要であるのと同時に、私たちの教会の理解にとっても重要なものです。kuriosという言葉と教会にはどういう関係があるのでしょうか。kuriosという言葉のもう一つの意味は、古代ギリシア文化において奴隷を所有できるほど裕福な男性を指すものでした。奴隷の所有者は kurios と呼ばれ、kurios の奴隷であった人々は、kurios によって買い取られた者でした。

私が強調したいのは、この点です。kuriakē は、教会という言葉の語源です。教会のもともとの意味は、kurios のものとされたもの、つまり主のものとされ、主に所有されたものなのです。新約聖書においては、信仰者とキリストとの個人的関係または共同体としての関係を描く上で、頻繁にこのイメージが用いられています。例えば、パウロは自分のことを、doulos〔ドゥーロス〕、奴隷と呼びます。彼は「買い取られた者」を指すためにこの比喩を用いているのです。この表現はパウロ自身だけでなく、神の民すべてにも当てはめられています。「あなたがたはもはや自分自身のものではありません。あなたがたは、代価を払って買い取られたのです。ですから、自分のからだをもって神の栄光を現しなさい」（コリント人へ手紙第一 6・19〜20）。神が私たちを贖ってくださったので、私たちは神の所有物なのです。

新約聖書は、クリスチャンがキリスト・イエスにある〔in Christ Jesus〕人々であると頻繁に語っています。伝道の場で人々をキリストに招くとき、それは単にイエスを信じること

〔to believe in Jesus〕ではなく、イエスの「中へと」信じること〔to believe into Jesus〕への招きです。ここに用いられている「中へ〔into〕」を意味するギリシア語はeis〔エイス〕です。eisとその意味は次のように説明することができます。もし私が街の外にいるとすれば、街の中に「いる」ためには街の門をくぐって中に入らなくてはいけません。これが、新約聖書の教える、キリストの中へと信じる信仰への招きのイメージです。そして私たちが本物の信仰を持つなら、私たちはキリスト・イエスの内にあり、キリストは私たちの内におられます。これが、信仰者とキリストとの神秘的な結合です。

さて、私がキリストと神秘的に結びつき、あなたもキリストと神秘的に結びつくとしたら、私たちは特別な交わりを持つことになり、共にキリストとの交わりを味わうのです。これは、新約聖書でもさまざまな実践的適用が示されているところです。例えば、パウロは、教会の中では互いに愛の御霊をもって接すること、その愛が多くの罪を覆うということを教えています。さらに、私たちは互いに主にあって信仰者としての自由を尊重し合うべきです。また互いに厳しくさばき合うことを控えるべきです。私たちはキリストに買い取られた人々と互いに結びついているということを、常に心に留めなくてはいけません。

神の民に対して、また機関としての教会に対して、このような姿勢を示すためには、私たちを悩ませる人や躓に障る人に目を留めるのではなく、私たちの教会を所有しておられる方を見据えなくてはいけません。もし私がある家のしもべの一人であるとして、しもべ同士で対立したとしても、その対立ゆえに、しもべの所有者を批判するようなことがあってはいけません。私たちは皆、一人の主に仕えるしもべなのです。

イエスの与えられた戒めの中で、最も困難で極端な戒めは私たちの敵を愛せよというものでしょう。これ以上人間として不自然なことはありません。誰かが私たちの敵だとすれば、その人の暮らしを守り、その人によくしてあげたいとは決して思わないはずです。けれども主は、これが私たちの務めだと言っておられます。私たちは、自分を侮辱し迫害する者のために、良いことをしなければなりません。私たちはこの戒めを何度も何度も聴く必要があります。なぜなら、自分に敵意を抱く人々の幸福を祈るということは、人間としての基本的な性質に合わないことだからです。それでも、私たちにはイエスの最高の模範が示されています。イエスはまさにご自身を侮辱する人々のためにいのちを捨てられました。私たちは、生まれつき敵を愛せる者ではありません。この愛を実践するために私たちが望みうる唯一の方法は、恵みによって愛すること、そして敵に目を向けるのではなくキリストに目を向けることによって愛することです。私たちは、キリストのために敵を愛するのです。

共に歩むクリスチャン同士は、究極的には敵となることはありませんが、このイエスの教えは教会生活においても当てはめることができます。もし、私たちが敵を愛するべきだとしたら、キリストのからだに属するすべての人を、どれほど愛する必要があるでしょうか。

1　岩隈直『新約ギリシヤ語辞典』山本書店、一九七一年、二七七頁参照。
2　「アドナイ」は「主人（アドン）」の複数形に「私たちの」を意味する接尾辞がついたもの。

第9章　真の教会のしるし

教会が教会でなくなるのは、どんなときでしょうか。私はよく、このような切実な思いが込められた手紙を受け取ります。「私は今の教会に不満を抱えています。説教の内容や教会で行われている活動が気に入りません」。これは非常に深刻な問題です。十六世紀の宗教改革の時代においては、最重要課題でした。当時、目に見える教会はそれまでにないほど分裂していました。プロテスタントの改革者たちがローマ・カトリックと決別した後、あらゆる種類の異なるグループが生み出されました。彼らは、さまざまな信条、さまざまな告白、さまざまな政治形態、さまざまな典礼を持っていました。彼らは皆キリスト教の教会であると主張し、その多くは自分たちこそ唯一の真の教会であると主張しました。ですから、当時の人々は「どのようにそう言えるのか、真の教会のしるしは何なのか」という疑問を抱えていたのです。

ローマ・カトリックがプロテスタント教会を正統と認めなかったため、改革者たちはこの問題に取り組むことになりました。ローマはかつて、教会の定義を次のように定めていました――司教のいるところに教会があり、たとえどのような共同体が生み出されたとしても、ローマの司教による承認がなければ正式な教会ではない――。プロテスタントの改革者たちは、この問題について異なる見解を示しました。彼らは独立を志し、正式な教会のしるしを定義することを模索した結果、三つの特徴的な性質を定めました。第一に、真の教会は福音が忠実に宣べ伝えられている。第二に、真の教会は礼典を正しく執り行っている。第三に、真の教会は人々に対して真正な戒規を執行している。第三のしるしから当然実現するものは、人々の育成と規律のために存在する教会政治です。教会を構成するさまざまな要素の中で、改革者たちが決して妥協しない真の教会の本質的なしるしとして挙げたのは、この三つです。これらのしるしについて、詳しく考えてみましょう。

(1)福音が忠実に宣べ伝えられるところ——ここで改革者たちが意味したのは、単にイエスの死と贖いの福音を伝えることだけではなく、キリスト教の本質的な真理を忠実に宣べ伝えていくということでした。もし教会がキリスト教信仰の本質的な側面を否定していれば、その教会はもはや教会と見なされないでしょう。モルモン教はキリストの永遠の神性を否定しているので、歴史的プロテスタントはモルモン教を正統なキリスト教会とは認めません。

(2)礼典が執り行われるところ——改革者たちは、主の晩餐（聖餐）およびバプテスマ（洗礼）の礼典がなければ教会ではないとしています。これは現代において特に重要な意味を持つことになります。なぜなら、ヤングライフ、キャンパス・クルセード、インターバーシティ〔米国のキリスト者学生会〕のようなパラチャーチが、クリスチャンの伝道や奉仕のさまざまな要素に日常的に関わっている現状があるからです。彼らの使命は、教会と共に働くことです。私の属しているリゴニア・ミニストリーズ〔Ligonier Ministries〕も、同様にパラチャーチの働きと呼ぶことができるでしょう。リゴニア・ミニストリーズは教育機関であり、教会ではありません。私たちは礼典を執り行いません。教会員を有していませんし、リゴニアの支援者である会員に戒規を執行することもありません。これらは私たちの役割ではないからです。私たちは教育の面で教会を手助けする働きに使命を持っていますが、これは非常に狭い範囲に焦点を当てた働きであり、自らが教会であるとは主張しません。そういう意味では、誰もリゴニアの「教会員」ではないのです。洗礼を授けて、「リゴニア教会」に加わってもらうこともありません。そもそもリゴニア教会など存在しないからです。礼典の執行は、教会の務めです。

(3)教会の戒規――教会の歴史を通して見ると、教会の戒規が多少変化してきたことがわかります。過去には、教会の戒規が非常に厳しく定められていたこともありました。十六世紀には、ローマ・カトリックからプロテスタントへの迫害だけでなく、プロテスタントからカトリックへの激しい迫害もありました。教会の戒規の手段として、人々が拷問やあらゆる種類の罰を受けていたことも知られています。二十一世紀の私たちから見れば、これは残酷で、異常で、野蛮なことのように思えます。それは、確かにそのとおりです。しかし、理解すべき面もあります。十六世紀の教会の指導者たちは真剣に地獄を信じていました。彼らは、地獄に落ちること以上に、人間に降りかかる運命の中で最悪なものはないと信じていました。したがって当時の教会は、教会員が地獄にのみ込まれないようにするため、彼らへの叱責と懲らしめに必要な手段なら、ほとんど何でも正当化されると本気で信じていました。拷問室や拷問台、火あぶりによる脅しでさえ、地獄の淵から人々を救うためには、正当な手段と考えられていたのです。私はそのような行為を擁護しようとしているのではありません。しかし、地獄を真剣に受け止めていた十六世紀の人々の考えを、私たちもできる限り理解できればと思います。現代の私たちは、「人を懲らしめる必要は全くない、さほど重要でないのだから」という態度をとってしまっているようです。それはおそらく、多くの人々が神のさばきの真の恐ろしさを信じていないからでしょう。

教会の歴史の中でも戒規に関することになると、振り子は極端に振れる傾向がありました。時には、教会は厳しく非情な戒規に関与することもあります。また、時に教会は異常なほどの自由主義〔latitudinarianism〕に陥ることもあります。この立場では、会員に全く戒規が科されないのです。数年前、アメリカにある主流派〔mainline〕の教派において、教会内の論争が巻き起こりました。牧師と学者のあるグループが、クリスチャンの性倫理である「一夫一婦制の生涯にわたる結婚」を抜本的に再定義しようとする論文をまとめたのです。この報告書は、より正統的な人々の反対を受けつつも、教会の法案として提出されました。この教派の年次総会では対立が生じ、投票の結果、その提案は否決されました。

しかしその後に起こったことが、さらに異様だったのです。その教会は、このような特定の性的行動に関する見解を採用しませんでしたが、その見解を唱えた人たちを懲戒したり、戒規を執行したりすることもありませんでした。教会は事実上、「これは私たちの公式見解ではないが、もしあなたが私たちの教派の牧師になってこれらのことを保持し、教えたいのであれば、私たちはそれについて何もするつもりはない」としたのです。ここに戒規の不履行がありました。このようなことは、現代の教会ではよくあることです。

ここから新たに湧き上がる疑問があります。もし誰かが、ゾッとするほど悪質であまりにひどい罪を犯しても、教会がそのメンバーを適切に律することを怠った場合、その機関はそれでも教会なのでしょうか。教会はいつ背教者と見なされるのでしょうか。この問いに答えるのは容易ではありません。教会の歴史の中でも、キリストの贖罪やキリストの神性、その他の本質的な真理を信じないとはっきりと認める機関は、非常に稀だからです。ここに必ずしも明確な線引きはありません。多くの場合、教会はキリスト教信仰の本質的な真理をおろそかに扱っています。

私たちは、事実上〔de facto〕の背教と法律上〔de jure〕の背教を区別し、正式な背教と物質的な背教を区別しています。正式な背教とは、教会がキリスト教信仰の本質的な真理を、明確に疑いの余地なく否定することです。事実上の背教とは、物質的・実践的な段階にある背教であり、信条はそのまま残しつつも、教会がもう信条を信じていないという状態です。その教会は、自分たちが信じていると述べている信条そのものを根底から覆しているのです。

ここから、実践的な適用が得られます。いつ教会を出て、他の教会に移るべきでしょうか。まず、これは誰もが軽々しく決めるべきことではありません。これは深刻な問題です。教会の一員になるとき、ほとんどの場合私たちは神の御前で厳粛な誓いを立てます。聖なる誓いをしたグループから脱退するには、よほどの理由が必要です。確固たる根拠に基づく、理にかなったものでなければなりません。

今日、人々は深く考えることもなく教会を転々とします。外観のペンキの色や不快な発言などの、くだらない理由で教会を離れてしまうとき、教会の聖なる性質は私たちに見えていません。

私たちは正当な理由もなく教会を去るべきではありません。教会でクリスチャンとして育まれず、糧を得ることができないという状況にならない限り、教会への献身を諦めるべきではありません。しかし、教会が背教的であれば、クリスチャンは教会から出て行かなければなりません。背教の教会の中にとどまって、教会の変革と回復のために努力すべきだと思うでしょうか。しかし、教会が事実上背教的であるならば、そこに居続けることは許されません。カルメル山でのバアルの預言者とエリヤの対決について考えてみましょう。神がバアルに対してその御力を示した後で、誰かが、「確かにヤハウェが神であることはわかった。しかし私は、地の塩・世の光としてバアルの家にとどまり、改革に努めるつもりだ」などと言うことなど、想像できるでしょうか。私たちはそのような行動を許されていません。私たちが属している機関が背教に陥った場合、そこを離れるのは私たちの義務です。

どのような場合であっても、私たちは常に教会のしるしを注視しなければなりません。福音は宣べ伝えられているか。礼典は適切に執行されているか。教会政治と戒規は聖書に基づいた形で行われているか。これら三つがそろっているならば、教会を離れるべきではありません。あなたは、キリストのからだの一部として、その部分を建て上げる役割を果たすべきです。

わずかですが、ここまで、私たちは神の花嫁である教会、イエス・キリストの教会の性質と、その働きの及ぶ領域のほんの一部を見てきました。私たちが真の目的を理解して初めて、教会はその美しさを最大限に輝かせることができます。私たちは、使徒的な信仰を堅持しつつ、真理において結び合わされ、三位一体の神があがめられるべき、仕えられるべきお方であることを、この世界に宣言し、実証します。これは、父から召された者である私たちの最大の喜びです。神を共にたたえるために生きる、神のものとされた民――これが教会です。

著者
R・C・スプロール（R.C. Sproul）

1939年、米国ペンシルバニア州ピッツバーグに生まれる。フロリダ州サンフォードのセント・アンドリューズ改革派教会の牧師、改革聖書学校（Reformation Bible College）顧問として奉仕。「リゴニア・ミニストリーズ」（神学教育および伝道団体）の設立者。90冊以上の著作があり、邦訳されているものに『非キリスト教的思想入門』（2003年）、『何からの救いなのか――神の恵みの奥義』（2008年）、『洗礼とは何か』（2016年）、『聖餐とは何か』（2017年）『三位一体とは何か』（2018年）、『信仰というレース――使徒信条から学ぶキリスト教入門』（2021年、電子書籍）（以上、いのちのことば社）がある。2017年12月逝去。

訳者
老松　望（おいまつ・のぞむ）

関西大学社会学部卒。KGK（キリスト者学生会）の Graduate Assistant、非常勤主事として奉仕した後、退職。聖書宣教会・聖書神学舎入会。卒業後、KGK 関西地区、東北地区の主事として８年間奉仕。退職後、大阪聖書学院の常勤講師となる。現在、同神学校教師。訳書に『旧約聖書の基本――各書の内容・著者・時代・文学ジャンル・つながり』（いのちのことば社）がある。

楠　　望（くすのき・のぞみ）

2011年、米国カリフォルニア州 Westminster Seminary California にて聖書学修士号（MABS）を取得。訳書に『ニューシティーカテキズム デボーション集』（CBI Press）、『『箴言』の読み方――命に至る人生の舵取り』（あめんどう）、『信仰というレース――使徒信条から学ぶキリスト教入門』（電子書籍）、『旧約聖書の基本――各書の内容・著者・時代・文学ジャンル・つながり』『見せよう イエスさまを――福音に生きる子どもたちを育む』（以上、いのちのことば社）がある。

教会とは何か（クルーシャルクエスチョンズ）

2024年11月20日発行

著　者　R・C・スプロール
訳　者　老松望、楠望
発　行　いのちのことば社
〒164-0001 東京都中野区中野2-1-5
電話 03-5341-6923（編集）
03-5341-6920（営業）
FAX 03-5341-6921
e-mail:support@wlpm.or.jp
http://www.wlpm.or.jp/

新刊情報はこちら

ISBN 978-4-264-04531-1

リゴニア・ライブラリー

リゴニア・ミニストリーズは、一九七一年にR・C・スプロール博士によって設立された国際的なキリスト教信徒教育機関で、聖なる神をより多くの人々に宣べ伝え、教え、守ることを目的としています。リゴニア・ライブラリーのしるしは世界中の国々で、また多くの言語において、信頼の証しとなっています。

キリストによる大宣教命令を胸に、私たちは信徒教育のためのリソースを書籍出版および電子フォーマットでの出版を通して世界中に発信しています。信頼を得ている書籍やコラム、ティーチングシリーズの動画は四十以上の言語に翻訳・吹き替えがなされています。私たちの願いはイエス・キリストの教会を支えること、そしてそのためにクリスチャンが何を信じ、なぜそれを信じ、それをどのように生き、どのように分かち合うかを知ることができるよう助けることです。

JA.LIGONIER.ORG